BEI GRIN MACHT SICH IHR WISSEN BEZAHLT

- Wir veröffentlichen Ihre Hausarbeit,
  Bachelor- und Masterarbeit

- Ihr eigenes eBook und Buch -
  weltweit in allen wichtigen Shops

- Verdienen Sie an jedem Verkauf

Jetzt bei www.GRIN.com hochladen
und kostenlos publizieren

Bibliografische Information der Deutschen Nationalbibliothek:

Die Deutsche Bibliothek verzeichnet diese Publikation in der Deutschen National-
bibliografie; detaillierte bibliografische Daten sind im Internet über http://dnb.d-
nb.de/ abrufbar.

Dieses Werk sowie alle darin enthaltenen einzelnen Beiträge und Abbildungen
sind urheberrechtlich geschützt. Jede Verwertung, die nicht ausdrücklich vom
Urheberrechtsschutz zugelassen ist, bedarf der vorherigen Zustimmung des Verla-
ges. Das gilt insbesondere für Vervielfältigungen, Bearbeitungen, Übersetzungen,
Mikroverfilmungen, Auswertungen durch Datenbanken und für die Einspeicherung
und Verarbeitung in elektronische Systeme. Alle Rechte, auch die des auszugsweisen
Nachdrucks, der fotomechanischen Wiedergabe (einschließlich Mikrokopie) sowie
der Auswertung durch Datenbanken oder ähnliche Einrichtungen, vorbehalten.

Impressum:

Copyright © 2009 GRIN Verlag, Open Publishing GmbH
Druck und Bindung: Books on Demand GmbH, Norderstedt Germany
ISBN: 9783640504060

Dieses Buch bei GRIN:

http://www.grin.com/de/e-book/141146/die-kitschige-diskussion-ueber-kitsch

David Jugel

Die kitschige Diskussion über Kitsch

Eine kritische Betrachtung

GRIN Verlag

GRIN - Your knowledge has value

Der GRIN Verlag publiziert seit 1998 wissenschaftliche Arbeiten von Studenten, Hochschullehrern und anderen Akademikern als eBook und gedrucktes Buch. Die Verlagswebsite www.grin.com ist die ideale Plattform zur Veröffentlichung von Hausarbeiten, Abschlussarbeiten, wissenschaftlichen Aufsätzen, Dissertationen und Fachbüchern.

Besuchen Sie uns im Internet:

http://www.grin.com/

http://www.facebook.com/grincom

http://www.twitter.com/grin_com

Seminar: **Kanon Macht Kultur**

Sommersemester 2009

Seminararbeit zum Thema:

„Die kitschige Diskussion über Kitsch - Eine kritische Betrachtung"

Studiengang: Lehramtsbezogener Bachelor-Studiengang ABS
                 Geschichte
                 Gemeinschaftskunde/Rechtserziehung/Wirtschaft
Datum: 10.09.2009

Inhalt

1. Einleitung

Glaubt man einigen der in dieser Arbeit angeführten Autoren (u.a. Gelfert 2000) leben wir in einer Kitschgesellschaft. Wir schauen schnulzige TV-Serien, wie „Gute Zeiten – Schlechte Zeiten" oder die „Schwarzwaldklinik", wir stellen uns Hummel-Figuren, Gartenzwerge oder Maneki Neko-Katzen in unsere Umgebung und wir lesen sentimentale Romane und Taschenbücher von der Tankstelle. Schnell könnte man zustimmen: ja, wir leben in einer Kitschgesellschaft. Doch wirft die Frage nach dem, was Kitsch eigentlich ist, einige Probleme auf. Diesen Problemen widmet sich die nachfolgende Arbeit. Dabei reiht sie sich nicht in die Tradition der zahlreich erschienen Arbeiten zum Thema ein und versucht rekursiv eine Eingrenzung des Begriffes anhand der vorzufindenden Gegenstände durchzuführen, sondern sie ist eine kritische und konstruktive Betrachtung des Untersuchungsfeldes.

Zunächst wird dazu versucht die Herkunft des Begriffs zu klären und weiterhin die Eckpunkte der Diskussion um Kitsch nachzuzeichnen. Anschließend widmet sich die Arbeit vor allem den Zusammenhängen und Abhängigkeiten, in welchen sich der Kitsch befindet. Diese Zusammenhänge und Abhängigkeiten werden an Hand von Beispielen charakterisiert und bilden Grundlage für den Versuch einer Definition. Auf Basis dieser Definition folgt die verbleibende Arbeit der Gegenwart und stellt sich die Frage, ob eine wissenschaftliche Diskussion über Kitsch und Kunst überhaupt noch nötig ist.

Die zur Thesenbildung herangezogene Literatur ist umfangreich und wird argumentativ gegenübergestellt. Starken Einfluss hatten dabei vor allem die Werke von Umberto Eco, Severin Zebhauser und Andreas Dörner sowie Ludgera Vogt. Trotz einigen inhaltlichen Übereinstimmungen mit deren Thesen, stellt die vorliegende Arbeit Anspruch auf eine eigene Argumentationsstruktur sowie eine individuelle Betrachtungsweise und Schlussfolgerung.

2. Etymologie und die Problematik der Definition – eine Diskussion

Ist von „Kitsch" die Rede, schnellen augenblicklich Assoziationen in das menschliche Bewusstsein und das Wort wird vom Nutzer wie auch vom Empfänger als eindeutiger und ähnlich assoziierter Begriff hingenommen. Die Spannung, welche jedoch zwischen Wort und Begriff herrscht, wird auf der Suche nach einer

Definition deutlich. Denn hierbei trifft die Anzahl der Diskutanten auf die gleiche Anzahl an Vorstellungen über die Zuordnung und Anwendbarkeit des Begriffes.

Der Versuch, über die Herkunft des Begriffes seine Definition abzuleiten, stößt alsbald auf ähnliche Probleme, da diese zum einen nicht sicher belegt ist und zum anderen wandelt sich der Gebrauch und Sinngehalt von Begriffen im historischen Sinne ähnlich wie die Lebensverhältnisse, Gewohnheiten oder Wertvorstellungen der Menschen. Dennoch lohnt es sich, einen Blick auf verschiedene etymologische Ansätze zu richten.

Mit hoher Wahrscheinlichkeit entstand der Begriff „Kitsch" in Süddeutschland in Münchener Kunstkreisen. Hier taucht er Ende des 19. Jahrhunderts erstmals auf und verbreitet sich schnell über Deutschland und später über dessen Grenzen hinaus(vgl. Zebhauser, S.4ff). München war zu dieser Zeit eine Art Zentrum des Gemäldehandels. Vor allem durch die Industrialisierung empor geklommene neureiche Amerikaner fanden in München ihre Anlaufstelle für den Kauf europäischer Kunst und bescherten dem Kunsthandel eine hohe Nachfrage, welche baldig durch die der industriellen Revolution zu verdankenden Reproduktionstechniken günstig gedeckt werden konnten (vgl. Zebhauser 2006, S.14ff).

Lassen sich Zeit, Ort und Grund der Entstehung des Wortes nachzeichnen, ist die etymologische Abstammung unklar. Zum einen wird der Begriff mit dem mundartlichen „kitschen", was im süddeutschen Sprachraum so viel wie Straßenschlamm zusammenkehren bedeutet, in Verbindung gebracht, wobei das Gekitschte oder Kitsch der geglättete Schlamm ist (vgl. Willkomm, S.17.f). Weiterhin besteht die Annahme, dass das Wort sich aus dem englischen Wort „sketch" ableitet, was zu Deutsch Skizze bedeutet und in Anbetracht der vielen Englisch sprechenden Kunden nahe zu liegen scheint (vgl. Avenarius 1920, S.98). Dabei wird vermutet, dass Kunsthändler eher Skizzen kauften, da diese billiger und somit leichter und öfter zu verkaufen waren. Folglich wurden das Billigere und das öfter Verkaufte zum Kitsch. Demgegenüber hält Friedrich Kluge einen Wegfall des „s" am Anfang eines Wortes in der Sprachbildung für sehr ungewöhnlich (vgl. 1975, S.372). Daher wirkt die Vermutung über die mundartliche Herkunft, welche sich im mecklenburgisch-umgangssprachlichen Verb „kitschen" als jedwede Art der schnellen Fortbewegung manifestiert, neben der süddeutschen Variante wahrscheinlicher. Der Bezug bei der Abstammung aus dem mecklenburgischen Sprachgebrauch besteht dabei zum Schnellgemachten, Oberflächlichen und Billigen (vgl. Zebhauser, S.6).

Eine Definition lässt sich zwar nicht aus der ungewissen Herkunft des Wortes ableiten, jedoch sind bereits in dieser Diskussion die Ansätze für eine Typologisierung der Auffassung von Kitsch nachweisbar. Folgt man dabei Ludgera Vogt, lassen sich produktions-/distributionsorientierte, objektorientierte und rezeptionsorientierte Argumentationsmuster in der Diskussion um die Charakterisierung von Kitsch nachweisen (vgl. Vogt 1994, S.363).

Begreift man Kitsch als ein massenhaft produziertes sowie umgesetztes Objekt, verstehen sich dahinter mehrere Annahmen, welche ein solches umschreiben. Zum einen herrscht die Auffassung, dass das Objekt nicht der Autonomie des Künstlers, sondern der Bedürfnisse einer erfolgreichen Vermarktung unterworfen sein muss (vgl. Zimmermann 1982, S.36). Anderseits wird einem massenhaft produzierten Gegenstand eine Einfachheit unterstellt, welche nicht mit der Komplexität von Kunst gleichgestellt werden kann. So spricht Pazaurek vom „Massenschund" als Gegensatz zur künstlerisch durchgeistigten Qualitätsarbeit (vgl. 1912, S.349).

Letztlich vermutet Umberto Eco, stecke hinter den distributionsorientierten Auffassungen eine Verachtung der Massen (vgl. 1994, S.39f), demnach eine Verachtung des Durchschnitts, welcher sich oftmals auch in der neuartigen Bezeichnung von Objekten als sogenannter „Mainstream" wiederfindet. Die Verachtung gilt also nicht dem eigentlichen Objekt, sondern der großen durchschnittlichen Masse, von welcher es konsumiert wird. Daraus schlussfolgert Eco, dass allein massenhafte Herstellung und Kunst sich nicht gegenseitig ausschließen müssen (vgl. 1994, S44ff), da klassische Musik oder Literatur, wie die Werke Goethes, Schillers oder Beethovens, massenhaft produziert und konsumiert wurden und werden, ohne das Prädikat des Kitsches erhalten zu haben (vgl. Dörner; Vogt 1994, S.189). Gleichviel worauf also verschiedene distributive Argumente für Kitsch beruhen, lassen sie sich nicht auf alle massenhaft produzierten und konsumierten Objekte anwenden. Ergo können sie kein alleiniges Merkmal und folglich auch nicht Definitionsgrundlage für Kitsch sein.

Naheliegender als die Distribution ist das eigentliche Objekt als Maßstab für Kitsch. Während Hermann Broch den Effekt eines Objektes, welcher auf Grund seiner beschränkten schon zahlreich erprobten Wirkung in wiederholter Form auf das Publikum zugeschnitten wird (vgl 1933, S.185), zum Merkmal erhebt, führt Walter Killy anhand einer scheinbar stilistisch homogenen Textmontage, bestehend aus sieben Sätzen von sieben Autoren, eine Analyse durch (vgl. 1961, S.240ff). Ergebnis dieser ist ein Katalog an Merkmalen, welche immanent für Kitsch seien. Er führt dabei ähnlich wie Broch auf, dass die Erzeugung von Reizen durch häufig verwendete Effekte typisch sei und dass dabei jedes Mittel, unter anderem auch die Auflösung von Gattungsgrenzen, der gewünschten Wirkung unterworfen wird. Die Illusion tritt als Wunschvorstellung an erste Stelle. Broch beschreibt diese dominante Norm des Empfindens als „das Böse im Wertesystem der Kunst" und als „die Bösartigkeit einer allgemeinen Lebensheuchelei" (Broch 1955, 295ff).

Dem setzt Umberto Eco ein kunsthistorisches Argument entgegen. Der Erzeugung von Effekten folgt nicht zwangsläufig der Ausstoß aus der Kunst. Beispiele hierfür sind die antike Musik und die Tragödie. Er unterscheidet dabei zwischen Kunst, als einer intendierenden und immer gesellschaftlich verflochtenen Schöpfung und der Kunstfertigkeit, welche nur homogene Perzeption zulässt und folglich keine immanenten Bildungsfunktionen besitzt. Demnach kann sich Kunst nicht auf Grund seiner implizierten intendierenden Eigenschaft selbst disqualifizieren, sondern es ist viel mehr die Absicht, welche hinter der Verwendung mancher Merkmale steckt, die ein Werk als Kunst oder als eine zweckgebundene Kunstfertigkeit erscheinen lässt (vgl. Eco 1994, S.62ff).

Helmut Kreutzer kritisiert, dass Killy literarischen Kitsch mit Trivialliteratur gleichsetzt. Killys Merkmale Kumulation, Repetition, Synästhesie und Lyrisierung seien auch in der hohen Kunst des 19 und 20. Jahrhunderts vorzufinden, wobei sie in anderen Trivialliteraturfamilien, wie dem Wildwest-Roman gänzlich fehlen (Kreuzer 1967, S261ff). Kitsch stellt also aus objektsorientierten Gesichtspunkt solche Werke dar, welche an Hand von Merkmalen beschrieben werden, die ihnen zum einen nachgewiesen werden, zum anderen aber anhand der selbigen identifiziert werden. Ginge man also bei einem Vergleich von Äpfeln und Birnen ähnlich vor, würde man beide darauf untersuchen, welches die bessere Birne ist. Das Ergebnis wäre ähnlich eindeutig, wie das derjenigen die Kitsch nach objektsorientierten Kategorien betrachten. Killy hinterfragt seine ausgewählten Sätze nicht auf die Zuordnung zum Kitsch, sondern ordnet sie anhand der Merkmale, welche sie zwangsläufig selbst mit sich führen, dem Kitsch zu. Darüber hinaus wird bei einem solchen Vergleich oftmals vergessen, überhaupt den Apfel auf seine Birnenqualität zu überprüfen, dass heißt auch die akzeptierte und als solche kanonisierte Kunst nach den Merkmalen des Kitsches zu untersuchen. Denn auch an sogenannte hohe Kunst sind Erwartungen geknüpft und Bedürfnisse müssen erfüllt werden. Es findet also kein Vergleich statt, sondern eine Identifikation nach den immanenten Merkmalen in den jeweils herangetragenen Kategorien. So wird Kunst auf seine impliziten Eigenschaften untersucht und Kitsch auf seine Wirkung und Effekte (vgl. Fetzer 1980, S.78f). Somit ist auch eine objektsorientierte Definition nachweislich unzureichend und fehlerbehaftet.

Neben dem eigentlichen Objekt als Kriterium für Kitsch wird oftmals auch der Rezipient samt seiner Beziehung zum Objekt als Indikator für Kitsch herangezogen. Kitsch sei demnach das, was der primitive ungebildete Mensch konsumiere (vgl. Vogt 1994, S.365f). Killy leitet dies aus dem Aufstieg des Bürgertums im 18. Jahrhundert ab. Der aufstrebende Kleinbürger kleidete sich nicht nur scheinbar herrschaftlich, sondern trachtete auch nach dem Genuss der Kunst, welcher bis Dato nur dem Adel vorbehalten war. Diese Kunst, so Killy, war jedoch nur eine Pseudokunst, welche lediglich die Kennzeichen der Kunst zu tragen schien. (vgl. Killy 1961, S250ff). Er folgert daraus: „So ist der Kitschkonsum eng mit der kleinbürgerlichen Halbbildung verbunden, die heute auch den größten Teil der sogenannten „Gebildeten" und besitzenden Klassen ergriffen hat" (Killy 1961, S.252). Kitsch ist also ein Produkt des sozialen Wandels und, glaubt man Killy, gleichwohl die Kunst des Halbgebildeten.

Ist für Killy noch der Gegenstand Hauptmerkmalsträger für Kitsch, löst sich Ludwig Giesz gänzlich vom diesm und führt als Größe den Kitschmenschen ein, der dadurch charakterisiert sei, dass er nicht nur genießt, sondern er ist von der eigenen Rührung gerührt. Giesz beschreibt diesen Zustand als Rührseligkeit, als die "Totalherrschaft des Gefühls im Seelenleben eines Menschen" (Giesz 1960, S.238). Kitsch ist folglich der Auslöser für den Selbstgenuss eines unechten Gefühls durch den Kitschmenschen. Der Gegenstand an sich kann also beliebig sein, sodass Hans Ulrich Gumbrecht feststellt: „In seinen attraktiveren Versionen setzt der Kitsch-Begriff voraus, dass es um eine Haltung, eine Einstellung, einen sozialen Typus geht, eben um den "Kitsch-Menschen", und nicht um eine Unterscheidung zwischen Gegenständen, die "an sich" kitschig oder geschmackvoll wären. Niemand wird Dürers "Betenden Händen" oder all den Engelein, welche die

Glückwunschkarten-Industrie aus den Gemälden des Raffael herauskopiert hat, objektive künstlerische Qualität absprechen. Aber der Kitsch-Mensch hat diese Gemälde, für immer […] zu Emblemen des schlechten Geschmacks gemacht." (Gumbrecht 2004, S.1). Dabei wirft sich die Frage auf, warum nur ein Teil der Kunst zum Kitsch durch den Missbrauch des Kitschmenschen degradiert wird.

Die Antwort liefert Mojmír Grygar, indem er hohe Literatur, verallgemeinert die hohe Kunst, im Gegensatz zum Kitsch als mehrdimensional lesbar und mehrdeutig charakterisierbar skizziert. Der Genuss tritt daher gegenüber der Erkenntnis und der Emanzipation zurück. (vgl. Grygar 1983, zit. nach Vogt 1994, S.365).

Der Fehler, welcher der Annahme, dass Kitsch das Konsumobjekt des Kitschmenschen sei, zu Grunde liegt, ist die historische Übertragung der Entstehung auf die Gegenwart. Glaubt man Umberto Eco „ist der high brow-Geschmack nicht unbedingt der Geschmack der herrschenden Klassen" (Eco 1994, S.52). Demnach konsumiert eher die Mittelklasse hohe Literatur und die gehobene Klasse immer öfter Unterhaltungsliteratur. Ergo „Die Niveaus entsprechen nicht der Klassenschichten"(Eco 1994, S.52). Man könnte nun meinen, dass die Rezeption von Kitsch durch das Bewusstsein, dass jener aufgrund gleichwelcher Indizien tatsächlich Kitsch ist, den Konsumenten von dem Vorwurf des Kitschmenschen befreien würde (vgl. Bourdieu, zit. nach Dörner; Vogt 1994, S.195f). Jedoch ist nicht zu verleugnen, dass auch der Intellektuelle Genuss empfindet, nicht an den Reizen und Effekten wie vielleicht ein weniger Gebildeter, jedoch an der Erkenntnis, den Kitsch als solchen zu identifizieren und der damit verbunden Selbstbestätigung. Diese stellt ihn letzten Endes mit allen anderen Rezipienten gleich. Die Selbstbestätigung ist nichts anderes als der von Giesz identifizierte Selbstgenuss. Obgleich jener, der hohe Literatur für die einzige Kunst hält, Kitsch als unwürdig darstellt, da dieser aus reinem Genussdrang konsumiert werde, findet er genau darin Gefallen die Genialität und Komplexität, welche seiner Meinung nach die Kunst zu dem macht was sie ist, zu durchdringen. Er genießt also einerseits hohe Literatur und andererseits die Selbstbestätigung seines Intellektes solche zu fassen bzw. Kitsch oder Trivialliteratur von ihr unterscheiden zu können. Folgt man diesem Ansatz, wären nach Giesz, Killy und Gumbrecht alle Rezipienten von Kunst, gleich welchen Niveaus, Kitschmenschen, was jenem als phänomenologische Kategorie zur Identifikation von Kitsch seiner auf dem Bildungsniveau basierenden Grundlage berauben würde.

Es lassen sich also weder durch die Betrachtung der Produktionsmenge, noch am Kunstobjekt und wie eben dargelegt auch nicht am Rezipienten eindeutige Indizien für eine klare Aussage über eine Definition von Kitsch finden. Die Frage nach der Definition bleibt also offen und Hans Dieter Gelfert stellt fest: „Wer die Frage aufwirft (nach der Definition), lässt gern die vorsorgliche Behauptung folgen, Kitsch sei schwerer zu definieren als Kunst. Umso leichter lassen sich Beispiele für ihn nennen [...] Gartenzwerge, Nippesfiguren, schnulzige Schlager, Heimatfilme..."(Gelfert 2000, S.5). Damit wären wir wieder bei der Spannung zwischen dem Wort, welches anscheinend ohne Reflektion Gebrauch und Zuordnung findet, und dem Begriff, welcher sich offenkundig nur perspektivisch konkretisieren lässt. Genau in dieser Spannung steckt jedoch die Antwort: Kitsch ist eine Deutung und somit singulär von der Vorstellung des Deutenden abhängig. Die aufgeführten Ansätze sind daher nicht falsch oder gar widerlegt, sondern individuell bedingte Deutungen. Ihre Verarbeitung zu einer allgemeinen Definition in Form einer Synthese hat jedoch aufgrund der angeführten Widersprüche wenig Sinn. Logischer erscheint der Rat von Ludgera Vogt, diese professionalisierten Beobachter selbst zum Objekt der Beobachtung zu machen (vgl. Vogt 1994, S.363). Eine solche Beobachtung kann nur in den historischen, sozialen und gesellschaftlichen Kontexten der Deutung stattfinden, um Prozessmuster in den individuellen sowie gesellschaftlichen Konstruktionen über Kunst und Kitsch nachzuzeichnen. Sollte dies gelingen, ist eine allgemeine Definition eventuell das Ergebnis.

3. Die Interdependenz von Kitsch und Kunst
und der gewagte Versuch einer Definition

Jacob Reisner nennt Kitsch ein Schlagwort im wörtlichsten Sinne als einen Ausdruck mit niederschlagender Eigenschaft. „Wer damit auf irgendein Gebilde losschlägt, will es zumindest aus dem Bereich der Kunst (wie er sie versteht) hinausschlagen" (Reisner 1955, S.159). Kitsch ist also nicht nur Deutung, sondern auch Wertung. Wertung findet immer in Kontexten statt: „Da Werte immer historisch eingebunden sind, kann also die Bestimmung dessen, was wertvolle und was wertlose Literatur ist, nur aus einem bestimmten Kontext heraus erfolgen und auch nur aus diesem Kontext von Wertvorstellungen gelten" (Dörner; Vogt 1994, S.193). Diese Kontexte bestimmen das Wertmaß und dadurch auch das Werturteil. Kitsch ist vor allem ein abwertendes Urteil, welches selten von Produzent noch von Konsument gebraucht, sondern von seinen Kritikern getroffen wird. Doch warum hält der Kritiker eine Abwertung von Nöten?

Die Antwort findet sich, wie schon der Ansatz der Vertreter der rezipientenorientierten Erklärung richtig feststellte, in der historischen Entstehung. Mit dem Entstehen einer erhöhten Nachfrage der Kunst vor allem im München des späten 19. Jahrhundert und frühen 20. treffen der umsatzbewusste Kunsthändler und der aufsteigende Fabrikant aufeinander. Der eine möchte die Kunst, meist nicht um der Kunst selbst wegen, sondern die Kunst als Statussymbol, nutzen. Betrachtet man das Problem wirtschaftlich, würde ein gleichbleibendes Angebot bei erhöhter Nachfrage zum Preisanstieg führen. Der andere aber, der Kunsthändler, findet die Lösung zum einen in den Möglichkeiten der Zeit und in der beschränkten Kunstkenntnis sowie dem geringen Anspruch der Käufer. Die Erhöhung des Angebotes wird zum einen durch Reproduktionstechniken und zum anderen durch einen oberflächlicheren Umgang mit dem Objekt erreicht. Viele Künstler, vor allem die ärmeren, produzieren einfache Malerei oder Plastiken, welche immer wieder ähnliche Motive und Formen enthalten. (vgl. Zebhauser 2006, S 14.ff)

Diese Einschränkung der Autonomie des Künstlers durch die Orientierung an den Markt ist vor allem der Ansatz für das distributive Argument für Kitsch. Doch weder der Kunsthändler noch der Abnehmer haben den Kitsch damit erfunden, sondern es war die etablierte hohe Gesellschaft. Kunst und sein Genuss war bis zum Aufbrechen der Ständegesellschaft und dem Aufstieg des Bürgertums ein Privileg des Adels. Mit den sich verändernden gesellschaftlichen und industriellen Verhältnissen im Europa des 19. Jahrhunderts drängte nun das Bürgertum in die höheren Kreise (vgl. Killy 1961, S.152). Dies vollzog sich nicht nur in Politik, Kultur, Religion und Sprache, auch die Kunst wurde davon ergriffen. Um den Status Quo dennoch zu wahren, entwickelten sich neue Strategien der Abgrenzung. So sollten weiterhin die tradierten Wertvorstellungen durch eine anscheinend etablierte Kunst bestätigt werden, indem die Kunst, welche der einfache Bürger konsumiert von der des Angehörigen der gehobenen Gesellschaft abgegrenzt wurde. Kitsch ist also eine gesellschaftliche Abgrenzung. Ludgera Vogt formuliert daher völlig richtig: „So kann die Elitekunst nur durch die Existenz ihres stigmatisierten Gegenübers sich selbst definieren und somit als kultureller Identitätsgenerator fungieren, der eine soziale Gruppe zugleich integriert und nach außen distinguiert". Das Gegenüber der Kunst ist folglich der Kitsch. Dies erklärt die schwierige Fassbarkeit des Begriffs. Kitsch an sich existiert nicht als absteckbare Größe, sondern er ist die stigmatisierte Negation von Kunst. Diese definiert sich nicht nur selbst über ihre Negation, sondern eine ganze soziale Gruppe, welche zum einen ihren gesellschaftlichen Führungsanspruch untermauern und zum anderen sich selbst legitimieren will. Die Legitimation der führenden Schichten durch die Religion war vor allem durch die Aufklärung stark erschüttert wurden.

War es am Ende des 19. Jahrhunderts noch der Adel, welcher der Distinktion bedurfte, entwickelte sich im 20. Jahrhundert das Bildungsbürgertum zum Vertreter der Abgrenzung vor dem zunehmenden Aufstieg der Arbeiterklasse. Hierin erklärt sich das oftmals angebrachte Argument der Bildung, wenn es um die Identifizierung von Kitsch geht. Kitsch als eine Wertung ist also zeitabhängig und birgt eine sozialdistinguierende Komponente.

Doch wie kommt es nun dazu, dass sich solche Wertungen durchsetzen und zum Teil auch über den Entstehungskontext hinaus wirken? Neben der Distinktion erfüllt die scheinbare Trennung von Kunst und Kitsch noch eine weitere Funktion. Sie wirkt als Identitätsgenerator. Diese Trennung von hoher und niederer Kunst entspricht einer Kanonisierung, einer Selektion, die gleichzeitig sozialisierend wirkt. Denn der Maturant, welchem Faust als die hohe Literatur präsentiert wird, wird jede andere an diesem Werke messen. Ästhetische Bewertungen unterliegen den gleichen Sozialisationsprozessen, wie alle anderen Geschmacksbildungsprägungen auch. Dass also eine weite gesellschaftliche Übereinstimmung über Trennung von Kunst und Kitsch am expliziten Objekt besteht, ist nicht die angeborene Eigenschaft zwischen dem Schönen und dem Schund unterscheiden zu können, sondern sind die Sozialisationsprozesse, welche Wertvorstellungen tradieren. Jan Mukařovský äußert dazu: „Es wird zunehmend klar, daß die Grundlage des individuellen Bewußtseins bis in die innersten Schichten hinein von Inhalten geprägt wird, die dem Kollektivbewußtsein angehören" (1974, S.138). Dieses Kollektivbewusstsein ist dem oben geschilderten Kontext unterworfen, in welchem jede Wertung, auch die des Kitsches stattfindet. Dieses Bewusstsein ist historisch nicht starr, jedoch kann man es als träge bezeichnen, da es sich immer rückwärtsgewandt an den kanonisierten Werten der Vergangenheit orientiert. Damit ist erklärt, warum Wertungen, wie die des Kitsches, auch über ihren Entstehungskontext hinaus bestehen.

Neben den kanonisierten Werten, in der Kunst ästhetische Normvorstellungen, hat jedoch noch eine zweite Größe Einfluss auf das Kollektivbewusstsein. Auch diese selektiert und sortiert. Diese zweite Größe besetzen verschiedene gesellschaftliche Rollen. Heute gehören dazu Autoren, Lektoren, Verlagsleiter, Kritiker, Vermittler, Pädagogen oder sogar die Konsumenten (vgl. Vogt 1994, S.367). Sie alle stehen in einem Kampf um Deutungsmacht. Die Macht zu entscheiden zwischen Kunst und Nichtkunst. Zu Beginn des 20. Jahrhunderts hatten in Deutschland vor allem der Adel und das Großbürgertum die Rollen mit der entsprechenden Deutungsmacht inne, sodass eine Distinktion in der Kunst für diese in der Öffentlichkeit problemlos möglich war.

Aus alledem lässt sich folgern, dass es weder der Gegenstand, noch der Produzent oder Konsument ist, welcher den Ausschlag für die Dichotomie in der Beurteilung von Kunst gibt, sondern es ist der Urteilende selbst, der sich seine Realität konstruiert. Er konstruiert sie sich nicht bewusst, sondern unterliegt dabei einem Kollektivbewusstsein, welches von den interdependenten Größen der kanonisierten Ästhetiknormen und der Deutungseliten beeinflusst wird. Dieser gesamte Prozess findet in einem historischen, sozialen und gesellschaftlichen Kontext statt. Die Spannung zwischen Wort und Begriff ist damit zu erklären, dass Kitsch also ein gesellschaftliches Konstrukt ist, das oftmals aufgrund seiner kollektiven Verankerung ohne Reflexion des Maßstabes Anwendung findet. Spitzt man diese Schlussfolgerungen verknappt zu, erhält man folgende Definition:

Kitsch ist ein ästhetisches Werturteil, welches einem kontextgebunden Kollektivbewusstsein unterliegt und unter dem Einfluss von kanonisierten Ästhetiknormen und Deutungseliten der Kunst identitätsgebend und sozial-distinguierend entgegenstellt wird.

4. Kitsch als Deutungsprozess
und der Einzug des Kitsches in die Welt der Kunst

„Nicht länger gilt mehr, dass Kitsch keine avancierte Kunst sein kann" schreibt Konrad Paul Liessmann in seinem Aufsatz „Kitsch! oder Warum der schlechte Geschmack der bessere ist": Er spielt damit auf eine Art der Kunst an, welche sich parallel und synchron zum Kitsch entwickelt hat. Wie sehr Kitsch eine Deutung umfasst, lässt sich an der Geschichte der Kitsch-Art nachzeichnen. Rein inhaltlich stellt das Wort „Kitsch-Art" einen Widerspruch dar, haben wir doch erfahren, dass

Kitsch der Kunst entgegen gestellt wird. Nun finden wir beide Begriffe im Zusammenschluss der Kitsch-Kunst wieder. Kitsch-Kunst ist jedoch weder nach heutiger noch nach Vorstellungen der Zeitgenossen des frühen 20. Jahrhunderts Kitsch. Kitsch-Art ist vielmehr eine Kunst, welche sich Elementen der als Kitsch etikettierten Gegenstände bedient, um über diese seine Ausdrucksform zu erlangen.

Der erste bekannt gewordene Künstler der dies in Ansätzen betrieb war Marcel Duchamp. Er stellte sogenannte „ready mades" oder „objets trouvés" her, welche dadurch gekennzeichnet sind, dass sie aus fast unveränderten industriell gefertigten Alltagsgegenständen bestehen. Herausgelöst aus ihrer gewohnten Umgebung werden diese als Kunst präsentiert und kritisieren die stereotypische Wiederkehr von Objekten in Form eines auratischen Kunstwerkes (vgl. Zebhauser 2006, S62). Beispiele hierfür sind seine Arbeiten „Roue de bicyclette" (1913), ein Rad eines Fahrrades montiert auf einen Hocker, und "Fountain" (1917), ein einfaches Pissoir, welches signiert als Springbrunnen auf einer Kunstausstellung erschien. Man kann Duchamp somit durchaus als Begründer der Objektkunst bezeichnen. Ein ähnlicher künstlerischer Umgang mit dem Stereotyp findet sich in der Pop-Art von Andy Warhol oder Roy Lichtenstein wieder. In den 80er Jahren wird die Pop-Art von der Kitsch-Art abgelöst.

Der bekannteste Vertreter der Kitsch-Art, der Duchamp auch als großen Einfluss schätzt, ist Jeff Koons. Er bedient sich nicht nur der Elemente des Kitsches, sondern kritisiert offensiv die Banalität unserer Zeit und greift damit direkt die Gesellschaft an. Dabei nutzt er die Formen des Kitsches in einer Übertreibung ohne Vergleich und ohne jegliche Zurückhaltung. 1988 erscheint „Ushering in Banality", welches ein Schwein (den Schmutz), das von Engelsfiguren und einem Jungen geführt wird, zeigt. Noch deutlicher wird er auf einem Ausstellungsplakat, auf dem er als Lehrer vor einer Tafel mit der Aufschrift „ Exploit the Masses" (missbrauche die Masse) und „Banality as Savior" (die Banalität als Heiland) sitzt. Dabei kritisiert er nicht nur die Banalität und die scheinbar wertdesorientierte Gesellschaft, sondern auch die simplen Deutungsprozesse, die in ihr ablaufen. So versteht es Koons, als ehemaliger Broker, durch die Anwendung der Gesetzte des Marktes in der Welt der Kunst jedwede Form, welche objektiv betrachtet den ästhetischen Werten auf Grund ihrer Kitschigkeit entgegen läuft, dennoch als Kunst zu präsentieren (vgl. Vogt 1994, S.372.) . Er selbst äußert dazu "Als ich die

Preise für die Banality Arbeiten festsetzte, versuchte ich damit den Leuten klarzumachen, daß es sich um ernsthafte Kunst handelt. Ein Kunstwerk wird nur ernst genommen, wenn der Preis entsprechend hoch ist. Ich sagte ihnen, diese Arbeit kostet genauso viel wie ein Bild von Anselm Kiefer, also ist sie auch so wertvoll." (Haden-Guest, S.35). Jeff Koons hat durch die intelligente Anwendung von Vermarktungsstrategien genug Deutungsmacht errungen, um seine Werke als Kunst zu definieren. Diese Loslösung der Wertung vom eigentlichen Objekt bestätigt die vorangegangene Definition. Warum aber hier allein Deutungsmacht gereicht hat und die kanonisierte Vorstellung von Kunst dem nicht mehr im Wege stand, muss noch geklärt werden. Dies wird darüber entscheiden, ob Kitsch überhaupt noch Gegenstand wissenschaftlicher Diskussion sein sollte.

5. Warum die wissenschaftliche Debatte über Kitsch beendet werden sollte – (k)eine Schlussbetrachtung?

Blickt man auf die gesellschaftliche Entwicklung in Europa seit der Französischen Revolution, so eröffnet sich dem Betrachter ein nahezu unfassbares Kapitel der Menschheitsentwicklung. Nicht nur der Wandel in Gesellschaft, sondern auch in Technik, Forschung, Wirtschaft und vielen anderen Bereichern vollzog sich mit einer enormen Intensität und Geschwindigkeit. Seitdem scheinen sich die Zyklen der Innovation und des Wandel immer weiter zu verknappen. Konnte im 19. Jahrhundert die feudale Gesellschaftsordnung aufgebrochen werden und sich das Bürgertum aus den Zwängen der Ständegesellschaft befreien, war erst im 20. Jahrhundert und auch erst mit der Erfahrung verschiedener Gesellschaftssysteme sowie einem erneuten gesellschaftlichen Umschwung die Emanzipation der Arbeiter, Frauen, Homosexuellen und anderer Minderheiten möglich. Ernüchterung über diese Entwicklung erfährt man gleichwohl bei der Erkenntnis über Opfer, regionale Begrenzung, Inkonsequenz und Unvollständigkeit der selbigen.

Parallel zu dieser Entwicklung sprach man von der Autonomisierung der Künste. Autonom wurde die Kunst jedoch immer nur so weit, wie sich die Wertungsfreiheit der Gesellschaftsmitglieder vergrößerte. Ziehen wir nun unsere Definition von Kitsch heran, wurde nachgewiesen, dass Kitsch sich vor allem distinguierend gegen gesellschaftliche Prozesse einer aufstrebenden sozialen Schicht richtete. Dies funktionierte so lange, wie Bildung und hohe gesellschaftliche Stellung sozial kongruent blieben. Diese Koalition benutzte einerseits die Kunst zur Selbstidentifikation und andererseits den Kitsch, um ihre soziale Stellung zu legitimieren. Spätestens mit der 68er Bewegung und dem Recht auf Bildung vollzieht sich eine Spaltung dieser Verbindung. Bildung ist nicht mehr alleiniges Privileg der gehobenen gesellschaftlichen Schichten. Nicht länger mehr ist Kunst eine Identifikation oder gesellschaftliche Projektionsfläche. Dazu kommt, dass der streitbare Wertebereich in unserer Gesellschaft ständig wächst und der unstrittige Bereich immer geringer wird. Kritiker bezeichnen dies als Werteverfall. In Wirklichkeit ist es logische Folge einer zunehmenden Pluralisierung und Differenzierung der Gesellschaft, nicht zuletzt der humanistisch-idealistischen Wertvorstellung von der Freiheit des Individuums.

Diese Entwicklung überträgt sich natürlich auch auf die Künste. Die Kanonisierung hoher Kunst findet also immer weniger Resonanz in der Gesellschaft. Es finden eher ähnliche Prozesse in den Subgenres statt. So setzt sich die Fan-Gemeinde der Sciencefiction-Romane nicht damit auseinander, ob solche Romane als Kunst wahrgenommen werden, sondern sie widmen sich perspektivisch, dies außer Frage stellend einer Wertung der Qualität verschiedener Werke ihres Genres. Die moderne Gesellschaft sieht darin nicht wie Hermann Broch das „Böse"(vgl. Broch 1933, S.157ff), sondern die legitime individuelle Auslebung der eigenen Vorstellung von Kunst unabhängig von gesellschaftlichem Rang oder Bildungsgrad.

Was in der Öffentlichkeit als Kunst gilt, ist also weder zwangsläufig vom Subjekt, noch dem Objekt oder der Distribution abhängig, sondern vor allem von der Deutung. Deutung ist nichts anderes als eine Wertung nach einem bestimmten Maß. Aufgrund der eben beschriebenen gesellschaftlich flexiblen Werte kann Kunst nichts mehr sein, was allein auf die gennannten Faktoren zurückgeführt werden kann. Ein Beispiel, welches dies belegt, ist die Umdeutung der Romane von Johannes Mario Simmel (vgl. Vogt 1994, S.372ff).

Der Autor war bis Ende der 80er Jahre von den Feuilletons als „Romanverfertiger" und „mediales Vollzugsorgan" verschrien (vgl. Süddeutsche Zeitung, 26./27.2.1972 zit. nach Vogt 1994, S.373). Argument der Kritik war vor allem das distributive, das heißt eine Neuerscheinung aller anderthalb Jahre und eine verkaufsorientierte Vermarktung der Romane. Ab 1987 kam es jedoch zu einer Art Rehabilitierung des Autors durch die Bewertung seines Romans „Doch mit den Clowns kamen die Tränen". Plötzlich war die Rede von „schöner Literatur" (Die

Zeit 06.11.1987 zit. nach Vogt 1994, S.374). Andere Blätter folgten der neuen Deutung Simmels.

Den Grund für die Umwertung sieht Ludgera Vogt in einer Verschiebung der „ästhetischen Normen und des politisch-kulturellen Kontextes" (Vogt 1994, S.374). Und hierin liegt der Kern, der die Beurteilung von Gegenständen als Kitsch überflüssig, ja gar falsch macht. Noch einmal die Definition: „Kitsch ist ein ästhetisches Werturteil, welches einem kontextgebunden Kollektivbewusstsein unterliegt und unter dem Einfluss von kanonisierten Ästhetiknormen und Deutungseliten der Kunst identitätsgebend und sozial-distinguierend entgegenstellt wird." Das kontextgebundene Kollektivbewusstsein ist mittlerweile stark differenziert und heterogen und somit nicht mehr mit jenem der ersten Hälfte des 20. Jahrhunderts zu vergleichen. Auch eine Distinktion ist nicht mehr nötig, da gesellschaftliche Prozesse, wie oben aufgezeigt, kaum mehr die Kunst als Symbol des Strebens nach Aufstieg verwenden, sondern vielmehr als Projektionsfläche der Kritik, wie zum Beispiel Jeff Koons gezeigt hat. Gregory Fuller belegt dies folgendermaßen: „Kitsch-Art setzt das Erbe der Moderne fort, weil sie zur Entgrenzung der Kunst beiträgt. Diese Grenzsprengung beruht auf der Auflösung tradierter Geschmacksnormen." (zit. nach Zebhauser 2006, S. 63). Damit ist nicht nur das Kollektivbewusstsein und die Distinktion als Definitionsgröße unbrauchbar geworden, sondern auch die kanonisierten Ästhetiknormen.

Dennoch werden immer wieder Werke als Kitsch bezeichnet und die bekannten Argumente gegen sie aufgebracht. Der Grund für diesen Irrtum liegt darin, dass der Fehler, den schon Killy beging, wiederholt wird: Unterhaltungskunst und Trivialkunst wird mit Kitsch gleichgestellt. „Trivialliteratur, die keinen höheren Anspruch stellt als den, eine unterhaltsame Geschichte zu erzählen" (Gelfert 2000, S.15). Trivialkunst hat nicht den Anspruch, als hohe Kunst zu gelten, sondern oftmals begreift diese sich als eine Kunst nach eigenem Maßstab und eigenem Kontext. Man kann der Trivialkunst also nicht mehr vorwerfen, dass sie nach etwas strebe bzw. etwas imitiere.

Ob diese gesellschaftliche Entwicklung, die sich auch in der Kunst wiederspiegelt, nun positiv zu bewerten ist, soll hier nicht diskutiert werden. Tatsache ist, dass die Wertung als Kitsch in dem aktuellen gesellschaftlichen Kontext nicht mehr tragbar ist.

Ein weiterer Grund, warum Kitsch nicht mehr Gegenstand von wissenschaftlicher Diskussion sein sollte, ist das Postulat nach der Werturteilsfreiheit. Max Weber führt zu Beginn des 20. Jahrhunderts die Forderung, eigene Werturteile, Wünsche, Interessen und Geschmacksempfindungen beim Forschen außen vor zu lassen, ein (vgl. 1968, 156ff). Die Diskussion über den Kitsch ist jedoch durchsetzt von Werturteilen, Kitsch selbst ist ja ein solches. Günther Fetzer stellte daher völlig richtig fest: „ Gerade diese völlige Unreflektiertheit der Anwendung auf alle Gegenstände, die gewissen unbefragten Geschmacksstandards nicht entsprechen, disqualifizieren den Begriff für die wissenschaftliche Verwendung" (1980, S.25f). Die Forderung nach Werturteilsfreiheit bedeutet nicht, dass es keine Wertung geben darf. Im Gegenteil, ohne sie wäre Wissenschaft gar nicht möglich. Weber fordert sogar genaue Wertvorstellungen bei Forschern. Er nennt diese Wertideen. „Ohne Wertideen des Forschers gäbe es kein Prinzip der Stoffauswahl und keine sinnvolle Erkenntnis des individuell Wirklichen" (Weber 1968, 182). Hierbei befindet sich Weber stark an der Kantschen Vorstellung des Erkenntnisvermögens. Der Mensch ist perspektivisch strukturiert und hat somit nur über Werte die Möglichkeit, die Wirklichkeit zu erfassen. Diese Wertbeziehung und die Werturteilsfreiheit stehen keineswegs im Widerspruch. Eine Anwendung auf die Bewertung von Kunst könnte durch die Verwendung von relationalen Wenn-Dann-Aussagen vollzogen werden (vgl. Dörner; Vogt 1994, S202). Beispielsweise: Wenn man Werk X hinsichtlich des Faktor A mit Werk Y vergleicht, dann erscheint dieses gleichwertig oder minderwertig, etc. Diese relationalen Aussagen fehlen jedoch in der Kitsch-Diskussion fast vollständig und Vergleichskategorien werden im dichotomischen Feld kaum an beide Vergleichsgegenstände herangetragen. Denn würde man dies vollziehen, würde bald klar werden, dass anscheinende Indizien für Kitsch sich auch in hoher Literatur befinden und dergleichen für hohe Literatur bei Kitsch vorzufinden sind.

Es verdeutlicht sich, dass Kitsch kein orientierendes sondern ein subjektiv-etikettierendes Werturteil ist und als ein solches in der Wissenschaft nicht tragbar ist. Was bleibt, ist der Begriff in der Alltagssprache, verwendet für Gartenzwerge, Maneki Neko-Katzen, Hummel-Figuren und ähnliches. Der Begriff wird kaum aus dem Sprachgebrauch verschwinden, aber schon jetzt bezeichnet er in der Alltagssprache etwas, was der wissenschaftlichen Auseinandersetzung weit entfernt ist. Ihm fehlt die Etikettierung, denn Kitsch im Alltag ist mittlerweile ein eigenes

Genre und als solches unterschiedlich anerkannt und erfüllt für den Wertenden keinesfalls mehr eine distinguierende Funktion.

Die Forderung nach Beendigung der wissenschaftlichen Debatte ist also nicht die der Abschaffung von Wertung, denn die Kanonisierung, eine selektive Auswahl, hat die Funktion der Komplexitätsreduktion, welche bei der Unmenge der jährlichen Novitäten dringend notwendig ist (vgl. Vogt 1994, S.375). Aber da diese Reduktion hauptsächlich durch Deutung, wie das Kapitel über die Deutungsprozesse und das Beispiel von Mario Johannes Simmel gezeigt haben, stattfindet und sehr viel weniger durch das eigentliche Objekt oder das konsumierende Subjekt, sollte die wissenschaftliche Diskussion über die Trennung von Kunst und Kitsch, die Letzteren genau an Objekt und Subjekt zu begründen versucht, beendet werden. Denn wer heute noch versucht, sich durch seinen Geschmack abzuheben, ist doch dabei einem ausgesprochenen Selbstgenuss verfallen und das ist, wie wir von Ludwig Giesz (vgl. 1960, S.238) erfahren haben, schon ziemlich kitschig.

6. Literaturnachweis

Adorno, Theodor (1973): Ästhetische Theorie, Frankfurt am Main

Avenarius, Ferdinnd (1920): Kitsch, in: Kitsch. Texte und Theorien, hrsg, von Dettmar, U.; Küpper T., Stuttgart, 2007, S.98-99

Broch, Hermann (1933): Das Böse im Wertesystem der Kunst, in: Die Neue Rundschau, Jg. 34, H.8, Frankfurt, S.157-191

Broch, Hermann (1955): Einige Bemerkungen zum Problem des Kitsches, in Essays Bd.1, hrsg von Arendt, Hannah, Zürich, S295-309

Dörner, Andreas; Vogt, Ludgera (1994): Literatursoziologie. Literartur, Gesellschaft, Politische Kultur, Opladen

Eco, Umberto (1994): Apokalyptiker und Integrierte. Zur Kritik der Massenkultur, Nördlingen

Fetzer, Günther (1980):Wertungsprobleme in der Trivialforschung, Münschen

Gelfert, Hans-Dieter (2000): Was ist Kitsch?, Göttingen

Giesz, Ludwig (1960): Phänomenologie des Kitsches. Ein Beitrag zur anthropologischen Ästhetik, in: Kitsch. Texte und Theorien, hrsg, von Dettmar, U.; Küpper T., Stuttgart, 2007, S.237-240

Gumbrecht, Hans Ulrich (2004): Der Kitschmensch ist ein Intellektueller. Über Trennmüll, Robbenschlachten, Dekonstruktion und Antiimperialismus, in: Süddeutsche Zeitung, Nr.276, 27. November 2004, Wochenbeilage

Haden-Guest, Anthony (1992): Interview, in: Jeff Koons. Köln

Kluge, Frierich (1975): Etymologisches Wörterbuch der deutschen Sprache, Berlin

Killy, Wolfgang (1961): Deutscher Kitsch. Ein Versuch mit Beispielen, in: Kitsch. Texte und Theorien, hrsg, von Dettmar, U.; Küpper T., Stuttgart, 2007, S.240-253

Kreuzer, Helmut (1967): Trivialliteratur als Forschungsproblem. Zur Kritik des deutschen Trivialromans seit der Aufklärung, in: Kitsch. Texte und Theorien, hrsg, von Dettmar, U.; Küpper T., Stuttgart, 2007, S.261-265

Liessmann, Konrad Paul (2002): Kitsch! oder Warum der schlechte Geschmack der bessere ist, in: Kitsch. Texte und Theorien, hrsg, von Dettmar, U.; Küpper T., Stuttgart, 2007, S.305-308

Mukařovský, Jan (1974): Kapitel der Ästhetik, Frankfurt

Pazaurek, Gustav (1912): Guter und schlechter Geschmack im Kunstgewerbe, Stuttgart

Reisner , Jacob (1955): Versuch einer Theorie des Kitsches, in: Kitsch. Texte und Theorien, hrsg, von Dettmar, U.; Küpper T., Stuttgart, 2007, S.259-261

Vogt, Ludgera (1994): Kunst oder Kitsch: Ein „feiner Unterschied"? Soziologische Aspekte ästhetischer Wertung. In: Soziale Welt 45, Jg. 1994, S. 363 – 384

Weber, Max (1968): Gesammelter Aufsätze zur Wissenschaftslehre. hrsg. von: Winkelmann, Johannes, Tübingen

Willkomm, Liebgunde (1981): Ästhetisch erleben. Eine psychologische Untersuchung des Übergangs von Kunsterleben und Kitscherleben, Hildesheim

Zebhauser, Severin (2006): Der Kitschbegriff in der Kunstpädagogik. Entstehung, Funktion und Wandel, München

Zimmermann, Hans Dieter (1982): Trivialliteratur? Schemalitratur! Entstehung, Formen, Bewertung, Stuttgart